새를 만났다

이 도서의 국립중앙도서관 출판예정도서목록(CIP)은 서지정보유통지원시스템 홈페이지(http://seoji.nl.go.kr)와 국가자료공동목록시스템(http://www.nl.go.kr/kolisnet)에서 이용하실 수 있습니다.(CIP제어번호: CIP2017033375)

새를 만났다

2018년 01월 02일 초판 1쇄 찍음
2018년 01월 05일 초판 1쇄 펴냄

지은이 _ 정동수
펴낸이 _ 나문석
편　집 _ 장상호
제　자 _ 전향규
디자인 _ 김옥경

펴 낸 곳 _ 도서출판 두엄
등록번호 _ 제03-01-503호
주　　소 _ (41969) 대구광역시 중구 명륜로12길 21
대표전화 _ (053)423-2214
전자우편 _ dueum@hanmail.net

ISBN 978-89-85645-71-3 03810

새를 만났다

정동수 시집

도서출판 두엄

自序

어둠을 가두었던
삐걱거리던 문을 열고 들어와
내 영혼을
쥐고 돌아서던 눈동자
울림이 되고
떨림이 되었던
은유의 하늘을 날게 했던
너여,

살다보니
비명이 새어 나온다
그것들을 한 곳에 묶어
쓰다듬어 본다

차례

1부

2부

3부

4부

제1부

수상한 행렬

우체국 우편물 접수대
각종 상자의 수상한 행렬
어딘가에 삶을 묶듯 단단히 묶여진
저 불룩한 정체는 무엇인지
당일특송이라는 제한된 시간이 끌고 온
마음들이 부산스러운데, 호명되는 나
나는 누구의 이름으로 이 땅에 보내어졌는지
저울에 올려질 나의 무게는 무엇인지
사람으로 포장되어
사람의 모습 담고 살아가지만
짐승의 이빨 드러내는 나는 빈 포장지
풀 한 포기 새 한 마리보다
아름답지도 자유롭지도 못한
지상의 한 택배물
두 손 모아 살다
천상으로 되돌려져야 할
그 길을 위해 무엇을 채우고 있는가
비만해진 상자 하나
지상에 덩그러니 놓여 있다

홀씨의 대본은 바람이다

떠도는 바람의 밀도를 알 수가 없다
단지, 저 속에 피고 지는 생이 있다는 것
생에 드러난 최초의 균열도 저 바람 때문이었다는 것

공기에 싸여 떠도는 홀씨는 대본을 쓰지 않는다
바람으로 일어서서 바람으로 주저앉는다
얼마나 달콤한 울림이었던가
저마다의 불덩이를 안고 바람을 기다리던 날들은

그 순간을 위해 덤불 속에서
정신의 그늘을 드리우고 뿌리를 뻗던
씨앗 하나, 축축한 향기는
가시를 밀어내며 허공을 끌어당긴다

덤불로 얽혀야만 일어설 수 있는
가시를 밟고 일어서야만 바람을 기다릴 수 있는
박주가리, 그 틀을 깨트릴 때까지

깨트려 또 하나의 우주가 열릴 때까지

바람을 기다리는 일
잎사귀를 흔들어 바람을 일으키는 일
줄기를 세워 바람을 매어놓는 일

밀도를 높여 절정으로 치닫는
저 생의 대본은 바람이다

새를 만났다

흘러드는 동안 무엇을 털어버렸을까
나직이 흐르는 강가, 서릿발 주저앉는 소리에
솟는 새 한 마리
남겨진 체온이 얼어버린 자리엔
부화하지 못한 씨앗이 몸을 움츠린다
솟아올라 벗어나려 했던 겨울
길들은 겨울을 향하고 있었다
물기 없는 것들이 서로의 살을 비비며
서걱서걱 칼날 같은 울음을 토한다
잘 견디었다고, 잘 견디었다고 서로의 가슴에 기대었다
그리움으로 한 날을 견디고
미움으로 또 한 날을 견디고
다 타고 재만 남은 날 이도 저도 아닌 날
또 무엇으로 견디어 가야 할까
날갯죽지에 머리를 밀어 넣은 새 몇 마리
뜨거운 날갯짓 그 길을 더듬고 있는
강,
기댈 곳 없는 슬픔이 붉게 번진다

겨울이 얼어붙고 있다
단(壇)을 쌓기에 좋은 계절이다

봄, 참 어렵네요

감자를 심기 위해 묵정밭을 정리하는데요
토박이 돌들이, 잔잔한 것들이 연대를 이루어 텃세를
부리고 있네요, 주워내고 주워내도 끝이 없어
슬며시 부아 치미는 나를 힐끗 비웃는 것인데요
온 밭에 돌들이 감자처럼 배를 드러내고 웃고 있는데요
호흡도 체온도 없는 돌 때문에 내 심장의 핏줄이 쨍쨍
돌 소리를 내고 있는 것인데 짱돌도 공깃돌도 아닌 것이
내 속엣 것을 어찌 알았는지 돌보다 못한 놈, 돌보다
못한 놈 대놓고 사람을 비웃는 올망졸망한 얼굴들,
하늘이 생강꽃처럼 노래지고 얼굴이 목련처럼 하얗게
질려오는 어질어질한 봄날인데요
바람은 왜 그리도 맵게 부는지 성성한 머리칼 헝클어
차라리 돌 같은 놈이었으면, 돌이었으면 하는 마음 간절한
헝클어진 생각들, 대신 울어줄 종다리 한 마리 뵈지 않는
텅 빈 옆, 가지마다 혓바닥 내밀어 실실 웃고 있는
돌복숭나무는 곧 함박웃음 터뜨릴 기세인데요,
부르르 떠는 내 연약한 가지 일으켜 우러러보는 하늘,
산그늘 슬금슬금 몰고 와 울긋불긋 꽃핀 내 얼굴

감추어주는 부끄러운 봄날
그런 생의 하루가 피었다 지고 있네요

겨울 산골

저 나무들을 춤추게 하는 이 누구인가

귀를 세우고 마당을 어슬렁거리던 개는
귀를 늘어뜨렸다
바람은 먼지와 티끌을 날리며
할 일 없이 마당을 맴돈다
이런 날은 쓸데없이 별들도 빛나는

여기는 티브이만 꺼버리면
어느 독재자의 지하벙커 같은 곳
봉우리 봉우리로 둘러쳐진 여기는
그의 심장 한가운데 같은 곳

늘 시끄러운 싸움질 소리, 그것을 민주라 여겼는데
시끄러운 새소리, 저 민주주의는
헐벗은 이 겨울 무엇을 쪼아대고 있을까

겨울은 추워야지, 라며 부린 객기를
모질게 분질러 놓고 마는 여기는 산골

곧 겸손이 봄처럼 찾아올까
꽃을 돋아나게 하는 흙처럼 순해질 수 있을까
저 새소리에 무심해질 날 있을까

헛것을 흘려보낸 날
그런 날을
봄날이라 해도 될까

꽃밥

빈 굴뚝 위를 달이 지나가고 있다

한낮이 빠져나간 야윈 몸
밤이면 주문처럼 앓지만 걸리지 않는 마법
마디마디 스며드는 바람도 이제는 다정하다

어머니, 전 가난한 멧비둘기 새끼 같아요
이 가난한 말이
어머니를 더 가난하게 했던

가난한 밤엔
쌀독을 어슬렁거리는 쥐는 일찍 잠을 청하고
땡감은 단지 안에서 떨떠름하게 익어간다

그래, 더 가난해져 보자
똥구멍이 찢어지도록
튼실한 오이 넝쿨 한 줄기에 기뻐하도록
설유화 그윽한 꽃밥에 배가 부르도록

허기진 쥐 한 마리 졸고 있는 밤
내 이마에 얹히던 거친 손
흘러내리던 따스한 별빛

내부 수리

삐걱거리던 문이
바람의 결을 따라 열렸다 닫힌다
윤기 나던 문고리의 흔적만
바람 소리를 키울 뿐
내부의 어둠은 미동조차 없다
끓어오르던 먼지가
스며드는 빛에 솟아오른다
열려 있지 않으면 습해지는 것,
그대 눈빛 같은 촉 높은 알전구를 달까
그리움 크기만큼의 큰 창을 낼까
눅눅한 기억들을 말리고
들끓던 먼지들을 날려버릴까
문을 열어야지, 시작을 위해
마당 한쪽 저 감나무도
내부 수리를 했을까
가지마다 푸른 창들을 달고
알알이 불빛들 환하다

달의 거리

언제부터 저 별 하나를 달이라 불렀을까
무리 속에 엉켜 들지 못하고 떨어져 나온 저, 별

정박해 있지 않고 떠나는 배처럼
저 멀리 수평선 위로 돌아오는 배처럼
빈 배였다가
만선이었다가

어쩌면

달을 이해하는 것이
사람을 이해하는 것 같은 밤
포구에 묶여 출렁이는
작은 배 하나
가득한 달빛에
눈을 감는다

지극하다는 것

계단은 공중을 꿈꾼다
몸을 접어 튀어 오를 순간을 엿보고 있는 것이다

차가운 계단, 몸을 접고 앉아 있는 여자
한쪽 모서리가 기울어 있다
계단은 꼿꼿한 자세로 저 기름기 없는
각진 몸을 내려다보고 있다

머지않아 생의 마지막 계단 오를 저 몸
가정을 신성시 여기며 빠져들었던
가족을 지렛대 삼아 일으켜온 누군가의
계단이었던 몸

몸을 접어 오르게 했던 힘은 무엇인지
마주한 계단에서 밀려오는 아득함
접고 접어 계단으로 진화한
기울어진 모서리가 반들거린다

누군가의 계단이 된다는 것은 이렇게
지극한 일이었던 것인가

돌복숭아

돌복숭나무 가시밭길 걸어 나온
흉터 선명하다

꺾인 가지에 삐걱거렸을 계절
헐렁한 가슴 조이듯 이파리 무성하다

복숭아 앞에 붙인 돌, 자는

본류가 아니라는 것
샛길 같은 것
어머니를 닮았다는 것

무릎을 꺾는 일이었을 것이다
작고 쓴 볼품없는 생과(生果)를 위해
무릎을 꺾는 일이었다는 것이다

계단을 오를 때마다 터지는 비명
작고 쓰기만 한 생과를 위해
단내를 쏟았기 때문일 것이다

거두어들이지 않아도
접붙임을 당해도
포기할 수 없는 그것

어머니 무릎이 시린
이유이다

미안하다

무지개를 신의 약속이라 읽었다면
시퍼렇게 비쳤다 사라지는
저 빛은 무엇이라 읽어야 하나

안개 걷히자 드러나는 산등성이 서슬이 서 있다
낮달은 별처럼 얼굴을 감추고
산을 넘던 새 한 마리 길을 잃었다
무지개를 풀어놓던 입들은 낯빛을 바꾸었다
마른 낙엽의 무게가 산을 누르고
멀리, 누군가 세상을 등지는 냄새 진하다

옹이처럼 박힌 눅진한 기억을
놓지 못하고 있는데 문은 닫혔다
습한 곳을 긁으며 서로의 생채기를 보듬는 밤
음지를 더듬으며 비틀거리는 주정뱅이거나
혁명을 꿈꾸는 이상주의자의 눈빛이거나
우리의 밤은 그렇게 가 버렸다
분노를 잃었고 체념들은 습관이 되었다
부조리에 침묵하며 스스로 썩어갔다

이불을 끌어 얼굴을 가리지만
부끄러움을 덮을 수는 없는 일
미안하다,
가난하고 힘없는 나여
무능한 아비여
평생 노동으로 다져온 천대받는 나여
굴종을 당연시한 나여, 미안하다
깊이 잠들지 못하고 뒤척이는
두려운 나여,

망초꽃

물기 없는 땅을 버티고
서 있는 망초꽃,
그늘 한 점 없습니다
몸을 열어 냉골을
데우고 있습니다
어떤 슬픔도 좌절이 될 수
없다는 듯 환합니다
뿌리가 붙들고 있는
한 줌 흙을 기억하는 꽃
줄 수 있는 고만한 그늘이
미안해 활짝 웃는 꽃
꽃밭이 되어버린 텃밭
그곳에서
당신을 봅니다

소금열매

가야산을 넘어오는 늦은 햇살이
봉긋한 속 살 같은 비닐하우스에 쏟아지면
그 황홀 불타오르는 어느 바다 부럽지 않다

일렁이는 검붉은 저 물결 속에는
참외꽃순 지르던 누이의 땀방울이 소금으로 녹아내리고
꿈틀꿈틀 흐르는 넝쿨엔 소금으로 키운 열매가 눈부시다

쓴맛, 짠맛을 모른다면 어찌 단맛을 알까

밤이슬 툭툭 털고 아침을 여는
소금의 맛을 알아가는 누이의 맑은 이마

단내 흠씬 배어 나오는
소금 열매가
누이의 이마처럼 맑다

빈집

뼈대를 세우는 일도
뼈대만 남는 일도 순간적인 건 아니다

뼈대만 남은 집을
어둠이 간간하게 받치고 있다
등 비비며 살던 이들은 어디로 가고
굴뚝새 한 마리 빈 집에 온기를 물어 나르고 있나

흘러든 오동잎조차 놓아주지 못하는 날
달빛 깃든 적막 때로 아름답기도 한데
내 속에 깃들어 살던 이 누구인가
빈집에 온기 나르던 이 누구였던가

살바람에도 건들거리는 흙벽
부풀어 오른 알갱이 움켜쥐지 못하고
떠나보내는 밤
굴뚝새는 잠들지 못하고 있는데

어둠을 불러 새긴 침묵

아침 햇살도 비켜서는

뼈대만 남은 너를 어떻게 불러야 하나

낡은 벽지 속 꽃은 붉기만 한데,

콜레라시대의 사랑*

기한이 있고 때가 있어 바람도
길을 돌이키는데 한번 전염된 것은 끝 모르고
수시로 발병한다
사치스런 형벌인가, 태울수록 번져가던 불길
바람만 스쳐도 일던 욕정도 설렘도 사라진
뜨겁지도 차갑지도 않은 이 불길은 무엇인가
한 여자만을 꿈꾸는 사내, 반세기만의 두 번째 고백에
습지처럼 침울하던 시간의 언저리가 깨어난다
치자꽃 향기 같은 짧은 시간, 그 시간을 찾아
시선은 늘 두리번거렸고 그 시간을 위해
비는 내리고 바람은 불었다
살아있게 만들고 살아가게 만들었던 욕망
영광은 언제나 살아있는 자의 것이었다
아니 기다리는 자의 것이다, 어쩌면
마음에 불씨를 지피는 자의 것일 것이다
네 머리를 기다리던 이 날들 위에 기대어다오
치자꽃 향기로운 네 머리칼 속에 잠들게 해 다오
이 겨울비를 따스하게 해 다오
우두커니

우두커니 남아있는 사랑아,

*가브리엘 가르시아 마르케스의 소설

갈래꽃 산벚나무 1

하늘을 가리고 허공을 두른 나무가 있다
봄이면 갈래꽃을 피워 허공을 환하게 밝히는 나무
새들도 그 환한 허공에 깃든다
달디단 열매도 허공에 맺는다

허공에서만 춤추는 나무여, 꽃이여
저 허공에 묻힐 수 있다면
매일 새들의 조문을 받으며 붉은 즙으로
입술을 적실 수 있다면 나무여, 나무여

허공으로 오르는 길엔
개미들만 무시로 오르내릴 뿐
한결같은 절벽

그늘을 밟고 허공을 밝히는 나무가 있다
옆이 비어 있는 나무
옆이 허공이 되어 있다

옆,
그 테두리를 무엇이라 해야 하나
그 깊이와 넓이를 무엇이라 불러야 하나

옆을 바라본다
조금 비켜서면 앞이 되는 옆을
조금 비켜나면 뒤가 되는 옆을
절벽 같은 허공을

바람으로 키우는 숲

침몰하는 도시,
저 불 못의 중심에 닿아 솟구치면
태초의 세계가 펼쳐지겠지, 그때 신은
수면 위를 운행하며 천지창조를 꿈꾸겠지

동산이 만들어지고 둥글고 빛나는
죄가 놓여 지겠지, 신인류가 부끄럼 없이
발가벗고 거닐겠지

죄가 자라나고 더욱 달콤하게 자라나고
뱀의 대가리에서 나오는 두 갈래 혀는
붉어지고 더욱 붉어지고
내 속에 완전함을 두지 않은 그의 질투심
그의 관음증은 커지고, 커지고

나는 뱀의 친구 그의 선명한 두 갈래 혀에
감겨 살던, 그의 혀는 불꽃 때론 투명한 얼음
시원한 생수 그가 걸어갈 때 하늘로 치솟은
살랑거리는 꼬리는 푸른빛 번개

눈에서 광선이 뿜어져 나와
뱀 같은 두 갈래 혀가 나와
이 도시를 회색으로 덧칠하는 세 치 혀
대나무처럼 자라나는 대나무처럼 날카로운 죄의 숲
이 숲을 만든 건 신이 된 아비
댓잎 서걱거리는 바람의 숲, 그곳에서
죄를 낳고 싶어 죄를 덮고 싶어

기다림의 배후

입구에 몇 그루 편백나무
기다리는 자세로 서 있다

익숙한 저 자세를 익히는 동안 얼마나 많은
발자국 소리에 귀를 열고 닫았을까

처음부터 기다림이 저의 일이었다는 듯
기다림만이 기쁨이었다는 듯
공중으로 조금씩 눈을 높여 왔다

사랑함에 무슨 까닭이 있겠는가

가늘게 잎을 내고 가지를 떨구는 일조차
흔들림 없는 기다림의 자세를 익히기
위해서였으니

기다림의 자세가 웅성깊다

금정산성 허브농장 숲에는 지금도

편백나무 몇 그루 눈을 높여 가고 있다

꼿꼿한,

타협 없는 자세
저 기다림에는 배후(背後)가 없다

나는 우거진다

저기 무엇이 있어 산등성이를 밀고 가는지
꿈틀거리는 산등성이 위로 놀란 구름이 산을 넘는다

서로 몸을 섞어 빚어내는 저 물줄기
맥 놓고 쓸려가는 나를 달뜬 소쩍새는 쉼 없이 쑥덕거리고
찔레꽃 향은 농담처럼 스쳐 간다

지금껏 무엇이 나를 움직여 왔을까
무엇이 나를 불러일으켰을까

소나무 갈참나무 전나무 밤나무
너였다가 우리였다가, 우리들로 우거져 충만한 오월은
기쁨으로 살랑거리는데 구만리 우리들 빛은
언제 서로 섞여 들는지

소쩍새 울음소리 먼 저녁
시계 초침 소리는 점점 커져 밤을 울리고
책장은 유령처럼 서서 내려다보고 있다

생각하면 가슴 저미어 오는 사람
이제 곧 당신은 일어나 밥을 안치고 화장을 하고
바쁘게 일터로 향하겠지
계절이 우거지고 있는 것을 잊은 듯,
잊은 듯

수심이 깊다

촉수를 묻고 더듬거리던 세상으로
저녁이 내릴 때 물가에 풀어놓은 그물은
따뜻한 집이 되어 어둠에 쌓이고 있다
물빛은 종일토록
어제의 저녁을 흘려보내지 못하고 깜깜한데
산은 내려앉아 어쩌자고 흔들리는지
수심이 깊어지고 있다
바램과 상관없이 이루어지는 운명
불안한 예감에 무릎을 꺾을 수밖에 없는
살아있는 것들의 한계
기다림을 익혀야 하는 밤
산 그림자 조금씩 물빛을 지워가고
추락을 꿈꾸는 별똥별 어둠의 궤도를 돌고 있다
피고 지지 않는 것이 있을까
떠나간 사람이 있고 떠나보낸 사람으로
삶은 깊어지는데
어둠 속에 마음을 뒤척이는
물빛 출렁이는 눈동자 저 깊은 수심 위로
별이 스러지고 있다

몸을 찢다

해 아래 지나가지 않는 것이 없어
천년이란 몇 번의 꿈이 피고 져야 하는가

부석사 무량수전으로 젖어 드는 바람이
누구의 기도를 실어 나르는지 쉼 없이 가지를 흔들 때
천년을 받쳐온 기둥은 썩을 수 없어
귀를 열고 열었다지
살아간다는 이유로 웅숭그리며 부풀렸던 몸
다시 천년을 살아가기 위해 스스로를 찢었다지
칼바람 스미어 뒤틀려 갈 때
곧은 심지만은 틀어질 수 없었다지

그렇게 견디며
이룬 무량수전

어쩌면 그대가
무량수불

제2부

지문(指紋)

수크령 삼단 갈래에
청춘을 묶어두고 타들어 가는 우리
마른 쑥 같이 한때를 탕진하던 우리는
어디에서 홀로인지요
창문은 가을을 가두어 놓고 어두워졌습니다
구절초 야윈 몸에 내린 별들이
날카로운 코를 묻고 킁킁거립니다
처마 끝 고여 있던 물방울은 잠들지 못하고 떨어지며
밤을 울리고 사라집니다
어둠을 뚫어져라 쳐다보면 어둠이 보이고
지나가는 세월을 미친 듯 따라 흐르다 보면
직관하는 눈이 자라난다 합니다, 그러나
알 수 없는 것이 사람의 사랑인 듯도 하여
사람의 사랑을 위하여
가을은 쓸쓸히 다가오는가 봅니다
부질없는, 부질없는 열망이었는지요
들불 같은 그대는 어느 기억 속에 타오르고 있는지
나에게서 풀려나간 그대의 차가운 흔적이
가을의 한 가운데를 지나고 있는데,

알 수 있을까

태초의 내력을 품고 있는 저 속 어딘가에는
근원을 알 수 없는 물의 심장이 있어
흐르게 하고 있다

어귀의 행간마다 촘촘히 적어 둔
수천, 수백 년을 견딘 물 낯의 파문
윤슬에 몸 데우며 쏟아내는 저들의 빛나는 언어를
우리가 알 수 있을까
기억의 몸집 부풀어 오를수록 거칠어지는 숨결,
거슬러 오를 수 없는 아래로 아래로만 향하는 굳은 습관은
첫 기억을 물고 놓지 못하는 강의 천형(天刑)
저 물빛이 품고 있는 짙은 여운을 어떻게 헝클 수 있을까

강가에 기대어선 버들이 잎을 떨구어 계절의 온기를 재듯
물결의 방향을 읽듯 부르튼 발이 저 바닥에 가 닿으면
왜 멍들어 흐르는지를 알 수 있을까

햇살은 강의 속살 속으로 파고드는데
불꽃인 듯 너울거리는데 사람의 슬픔도 빛이라 찬란한데
젖어 범람하는 까닭을 알 수 있을까

두 손 모아 떠보면 말간 저 물이
깊이를 가지면 왜 검붉어지는지를
소리 내어 구르던 저 물이 깊이를 가지면
왜 소리 없이 흐르는지를 알 수 있을까

저 몸속 어딘가에
울음을 품고 있다는 것을,

어디에서 바람을 기다릴까

꽃들이 미친 듯 벙글어 가는데
적막에 엎드린 골짜기
까마귀 울음소리만 피어나고 있다

비상하던 날개 위로 떨어지던 햇살이
발톱에 찢겨진 허공으로 쏟아졌다 사라지고
깃들지 못할 빈집은
흐린 하늘에 묶여 달처럼 떠 있는

올 것은 오고야 마는데
오래전 사라진 바위도 먼지로 다시 일어서는데
우리는 어디에서 바람을 기다려야 하는가

수도암 약광정 문살에 쌓인 먼지는
어느 천년을 견뎌 온 바위였는지 문살을 휘게 하고 있다
티끌로 돌아가고 먼지로 돌아가고
먼 훗날, 햇살 따사로운 이 문살에서 우리는
만날 수 있을까

바람은 아직 오지 않은 세월을 거슬러 불어오는데
가지에 앉아 부리를 갈고 있는 까마귀
산중에 가두어 놓고 있는 마음
이번 생애에는 산을 넘지 말자
산을 넘지 말자

슬픔을 그리는 종(種)

상처를 들여다보면 보인다
여린 것인지 달달한 속내를 가진 것인지

깨알보다 작게 시작하는 저것
깨알보다 작은 것이 만들어가는 저것

진딧물과 응애, 사과나무 이파리에
이빨 같은 촉수를 뻗는
이파리의 단내를 즐겨하는 종

나는 과일의 단내를 신봉하는 종
영혼을 팔 수도 살 수도 있는 달디단 것을 좇는다
쓰디쓴 것은 태생적으로 멀리 하는
단 것에 똥파리처럼 촉수를 묻고 산다

그렇게, 동그랗게 동그랗게
우리가 우리로 여기는
우리의 상처를, 슬픔을 넓혀간다

약도 없는 지독한 내성

단내를 쫓는
상처를 그리는
폭식성 종

감꽃

너는 별이었을 거다
별을 사랑한 꽃이었을 거다

너처럼 높이 떠 있는 꽃이 어디 있느냐
너처럼 낮게 핀 별이 어디 있느냐

밤사이 어둠을 흔들던
별똥별 하나가 너였구나

내 거친 숨소리 숨겨 놓았던 골목길
가만히 엎드려 나를 느끼고 있는 너는
그 먼 하늘에서 떨어져도
멍울진 상처 없이 곱고 희구나

그래, 그래
네 속에 영글어 가는 달
만월로 떠오를 때
너도 별 같은 별 되어 있겠지

그래, 그래
달을 품고 있는 너는
별이었다

질문

누구의 노래인지 알 수 없는 바람 소리
그 차가운 하나의 의지와 삭막한 계절의 끝을
흔들리면서 움트는 또 하나의 의지
그 3월은 혁명의 계절이다

잔가지마다 움켜쥔 봄
꺾었던 무릎 세워 일으키는 자유로의 의지이며
질문, 질문들이다

세상 곳곳에서 피어난 질문들

나는 누구의 종인가

서로 종노릇하라는 복음 앞에 던진
종교의 봄을 갈구했던 마르틴 루터*의 물음이다

시대의 외침,
촛불의 물음도 이와 같을 것이다

우리의 봄은 무엇인가

*독일의 신학자, 종교개혁자

가시

햇살에 비친 뽕잎이
날카로운 가시를 숨기고 있다
저 잎잎이 펼친 서늘한 그늘 속에서
내 속에 가시들을 헤아려보니
벼르고 벼려 날 선 것들이 번뜩이고 있다
가시를 숨기고 살아온 지 몇 해던가
젖먹이 때부터 키워온 연약한 것이
지금은 굳어지고 굳어져
금강석처럼 단단해지고 날카로워졌으니
몸을 틀 때마다 찔러 맺히는 상처
그 끝이 무디어지게 해 달라며
십자가 앞에 엎드렸으나 돌아서면 다시 돋는
가시는 늘 가까운 사람을 향하고 있었다
가시를 읽은 서늘한 눈빛,
뽕잎은 가시로 저를 살찌우나 영혼을 좀먹는
내 속의 가시가 드리우는 그늘은
사람이 쉴 수 없어 쓸쓸해지는데
이 몸에서 햇살이 빠져나가는 날에도

귀신처럼 떠돌, 이 가시는
어느 찬바람 앞에 스러져갈 것인가

나는 저항한다

살아오는 동안 걸림돌이 없었을까

이마에서 발등까지
이력처럼 자잘한 흉터들 박혀있다

흉 진 자리마다 붉은
이빨 자국

산다는 것은 벌레에 익숙해지는 것
저들도 따뜻한 체온이 그리운지
숲을 지나면 어느새 나의 품에 깃들어 있다

걸쭉한 나의 피를
땀으로 뱉어낸 나의 진액을
무상으로 빨아들이고 있는 녀석들
그러나 나는 아직 살아있으므로

나는 저항한다

나는 아직 이 땅 위에 뒹굴고 있으니
맑은 물소리에 귀를 씻고
새소리를 따라 지저귈 수 있으니
올망졸망 핀 들꽃에 눈이 맑아졌으니
너에게 저항하는 것이다

그러니, 지금은 참아다오
나를 너에게 풀어놓기엔
지금
나의 피는 너무 뜨겁다

찬란한 죄

십자가의 불빛
칼처럼 날카롭게 떠 있는 그 아래에서
떡 덩이로 허기를 누른다

사람이 떡으로만 살 것이 아니요 …, *
나는 완전한 떡 덩이가 되었으므로
뒤 마려운 개처럼 늘 끙끙거렸으므로
불빛을 핥는 날벌레였으므로
발정 난 짐승처럼 헐떡였으므로
그것을 사랑이라 속삭였으므로

자동차 꽁무니에서 뒤집어지는 쓰레기들
통증은 어디에서 오는가

저 칼 같은 빛
어둠을 찔러 올 때 죄는 태어난다
소멸될 수 없는 죄
죽음은 그것을 탕감할 뿐이다

예수의 죽음이 인간에 대한 사랑의 확증이었다면
내 사랑은 죄의 완성이다
얼마나 달콤하였던가, 나의 죄는
얼마나 목메었던가, 산다는 것은
어둠과 빛의 저 경계에서
얼마나 목말라 했던가

붉은 죄가 떠오른다
눈을 떠 꿈꿀 수밖에 없는 시간
사랑해야 할 죄명들이 눈부시다

*성경구절

콩깍지

콩은 꼬투리를 통하여 온다
꼬투리 속에는 햇살의 달달한 미소와
비와 바람의 서늘한 훈계로 자란
생각들이 달그락거린다
무성한 잎 시들어 갈수록 여물어지는 생각
꼿꼿하게 중심을 지켜온 콩대의
집념이다
세상을 구르게 하는 집념
불쏘시개 되어 세상을 데우는 뜨거운 집념
말라 틀어진 내 콩깍지
어머니를 견디게 했던 집념이다
콩깍지,
내 영원의 본향

탈속(脫俗)

비둘기 한 마리

아스팔트 위를 쪼아대고 있다

어쩌면 두드리고 있는지도 모른다

저 중심이 흔들릴 때까지

저의 중심이 흔들리도록, 흔들려

깃털을 다 벗어버릴 때까지

알몸으로 날아오를 때까지

또 한 세계가 열릴 때까지

천태산 벙어리

산이 있다
가부좌 틀고 앉아 굽어보는 수상한 세상
저 근심이 붉다

무량한 날들
산중에 갇힌 새의 울음
산을 넘지 못하고
저 근심 붉어도
하늘을 물들이지 못하는구나

탁발 떠난 물줄기
어느 곳을 맴돌고 있는지
돌아올 줄 모르고
저린 무릎에 쌓이는 낙엽

피안에 들어
귀를 닫아온 천년

요지경 세상 굽어보는 저 속내

탁발 떠난 물줄기 돌아올 날
읽혀질까

옹이

아내여,
세상이 온통 푸르고 붉은
웃음으로 꽃피는데
당신은 어찌 꽃들의 이름을
그토록 아프게 부릅니까
비 개인 하늘은 햇살을 쏟아내는데
어찌 어둠 속 웅크리고 앉아
가슴 가득 허공을 채우고 있는 것입니까
라디오 볼륨을 높이듯
슬픔의 탄주를 켜는 당신
잔잔한 물결의 고요를 평화라 부를까요
바람 타는 물결의 눈부심을 행복이라 할까요
그렇다면, 당신 가슴에 이는 물결은
어떻게 불러 드릴까요
영혼을 덮쳐오는 그 물결을 어떻게
이름하여야 할까요
아내여, 옹이 같은 아내여
하늘은 처음처럼 우리들 위에서
푸르고 때로 흐립니다

저 먹구름이 숨긴 것은 무엇일까요
빗줄기가 긋고 가는 산등성이의
상처는 얼마나 깊을까요
처음을 기억하는 것들은,

아, 우리를 감싸오는
저 평등의 어둠

을숙도(乙淑島)

젖은 발목,
강의 중심을 붙들고 있다

저 두 발에서 시작된 외길

무너지고 쌓이며 쓸려가는
생명의 끝없는 파동

굽이지는 물길은
제 울음을 굴려 떠나가는데

어느 세월쯤이면 침묵할 수 있을까
어느 깊이면 침묵하고도 아프지 않을까

굽이진다는 것이 살아간다는 것이라면
우린 어느 굽이를 돌고 있는지

어느 곳에서 풍랑이 일며
어느 곳에서 잔잔한 물살로 흘렀을까

어느 곳에서 깊어지며
어느 곳에서 소리 내어 흘렀을까

별빛 곱게 징검다리 놓인 날
저 굽이돌아 나오는 소리
천년의 소리

등 굽은 시간

눈보라에 떠밀려가는 노인
헐거워진 신발을 덜그럭거리며
이승의 한나절을 지나고 있다

손등의 핏줄은 얇아진 살갗
일으켜 수레를 끌고
수레에 쌓여 있는 파지
한기가 들어도 비명이 없다

미련이란 허기를 키우는 것인가

사납던 눈발 그쳐 가는데
털모자에 앉아 헐떡거리는 눈송이
아직 살아 있다
살아 있어 차고 시리다

살아 있다는 것은
비명이 새어 나오는 것이다
서로의 어둠 긁어주는 것이다

구겨지고 접혀진 모서리
다시 일으켜 세우는 것이다
헐거워진 시간 다시 조이는 것이다

한갓진 오후를 헝클어 놓은
바람 사이로
헐거워진 시간 조이며
걸어오는 굽은 등이
산 같다

남은 자

해 질 녘 노을이 되어 있는
새는 떠나는 중입니까
돌아오는 중입니까
짙어져 가는 어둠 속에서
소쩍새의 목 놓음은
노래입니까 울음 입니까
깊은 절망, 그 깊음의 두려움을
남기고 돌아서는
그대는 누구입니까
아스라이 기억의 등불을 켜고
왔던 그 길로
한 생애를 건너가는 그는
남은 자입니까 떠나는 자입니까
세상은 남은 자의 몫
그들이 만들어 가는 세계는
나입니까 우리입니까
언젠가는 떠나고 남은 자의
모습으로 서 있을
시간에 나는 무엇입니까

소쩍새가 떠나는 그때에
목 놓아 우는 나는
누구의 울음입니까

하루살이

아름드리 소나무 아래
하루살이가 날아 살아있는 날을 보내고 있다
최후의 날 최선의 저 날갯짓에
이파리들 우러러 푸른빛인 청암사

이끼 낀 바위에 새겨진 이름들이
영원을 사모하는 하루살이의 비애로 다가오는
바위를 파고드는 뿌리들의 숭고한 저녁
나무들은 대웅전을 향해 휘어져 있다

간절한 것들은 저렇게 휘어져 버티고 있다

하루살이의 왱왱거림도 어쩌면 간절함일
얼굴로 파고드는 저 날갯짓에
너무 쉽게 우리는 손사래 치는 것은 아닐까

다정스레 빗질 되어있는 길을 걸으며 쓸려나간
가슴의 한쪽을 들여다본다
하루살이의 날개로는 너무 먼 길을 가고 있는

반쪽 가슴의 힘겨운 날갯짓을

휘어져 등 굽은 것들의 간절한
날갯짓을,

나팔꽃

봄이 오면 나팔꽃 씨앗을 심으리
줄기가 마른 나뭇가지를 타고 올라
푸른빛을 입히고 핏빛 검붉은 꽃을 흔들어
죽어가는 것들의 외침으로 피게 하리
이파리 이파리마다 이슬 그러모아
메마른 가슴 젖어 살게 하리

그러나 지금은
곡괭이도 튕겨내는 언 땅
솔잎은 문을 닫고 향기를 멈추었다
가시덤불 속 박주가리는 말라버린 열매를
터뜨리지 못하고 있다

미련함을 절구에 넣어 공이로 찧으면
그 미련함이 벗겨질까

가시덤불 속을 들락거리는 작은 새
부리가 가시를 닮아간다
가시가 가시를 찌른다

저 덤불 가에
나팔꽃 씨앗을 심으리
줄기가 가시를 안고 오르며
이파리가 이슬을 흘려 뜨거운 피를 돌게 하리

나팔꽃
마른 나뭇가지를 안고
꿈꾸게 하리

백일홍
— K에게

우리가 붉게 물들었던 적 있었는지
이토록 붉은 가슴으로 진리를 사모했던 적 있었는지
우리가 찾았던 자유가 저토록 짙은 핏빛이었는지

K, 네가 열렬히 사랑했던
예수도 33살에 자기의 십자가를 지지 않았던가
그러니 일 년 만이라도 버텨다오
이 땅엔 아직 네가 져야 할 십자가가 남아 있지 아니한가

백일홍 꽃숭어리 젖어 드는 비에 깜짝 놀라는구나
이 가는 빗줄기에도 무게가 느껴지다니
그 무게에 고개 숙여지다니

결혼을 앞둔 너는 나처럼 살고 싶다 했지, 나처럼
그 순간 부끄러운 내 심장은 폭발 했었단다
우리 서로 속내가 보이지 않게 적당히 포장을 하고
적당히 흘리는 웃음으로 서로를 묶고 사는 것을

너의 속 깊은 데를 탐하고 있는 암세포들에게

저 붉은 백일홍 꽃숭어리 보여줄 걸
가벼운 발걸음이 문지방을 넘어가듯 지나가라고
아직 다하지 않은 이 계절을 뜨겁다, 느낄 수 있도록

아, 사랑하는 젊은 K
영원토록 붉은 미소여,

네가 너의 믿음 속에서 피어 있음을
저 꽃이 계절마다 피어남을 아는 것 같이 내가 알아
가지처럼 이제 너를 보냄을 기뻐해다오

조곤조곤한 너의 말투에 스며있는
향기를 기억하는 저 벌들의 한 마리로
나는 날아들겠다

낮달

오동나무 두 잎이 주저앉아 있다
곁가지 무게조차 힘겨운 나이
말들이 돌담을 넘는다
바람도 두려워할 앙상한 가지
저 마른 가지도 바람을 견디는
버팀목이었으리
다섯 손가락으로 이랑을 만들고
바람을 견딘 어머니, 얼굴에 핀 햇살꽃 같이
그녀도 꽃이었던 때 있었다
오동꽃처럼 밝던 등불,
벗어날 수 없는
골목의 굽은 허리처럼
이끼 낀 돌담처럼
시간의 더께 두텁게 쌓여있다
어머니란 이름으로 살아온 시간도
돌덩이처럼 위태롭다
꽃이고 싶던 날 왜 없었을까
꽃망울 틔우던 기억 왜 없었을까
화인처럼 찍힌 어머니란 이름

뜨겁지 않았던 날 있었을까
동갑내기 친구가 떠나던 날
뒷마당 오동나무 가지 끝
낮달이 걸렸다

파도

손톱이 살을 찢고 나오며
가늘고 날카로운 머리카락이
수만 개의 묘혈을 뚫는 동안에도
아픔은 그곳에 있지 않았다
형체도 없는 마음이 출렁일 때
그것이 바다인 걸 알았다
깊고 푸른 통점인 걸 알았다
바다,
그곳에 수많은 내가
파도처럼 일었다
사라지고 있었다

제3부

그대

두 손을 모으면
눈물이 흐를 때 있다
누군가 곁에 있다는 것 때문에

그대로 시작되어 그대로 끝나는
나의 모든 것
나의 새벽도 나의 저녁도
지는 낙엽 하나에도
그대라는 것
풀잎에 영그는 이슬방울 하나에도
당신이어야 하는 것

이 순결한
영원히 곁에
두고 싶은
그대,

붉다는 것

감나무에 올랐습니다

홍시의 빛깔이 참 곱습니다

익으면 저렇게 붉게 물드나 봐요

하늘도 익어 파랗습니다

까치의 울음도 익어 말갛습니다

길바닥에 떨어진 홍시 몇 개

으깨어져도 붉습니다

저렇게 붉은 상처가 또 있을까요

감나무에 올랐습니다

떨어지기 위해

붉은 상처가 되어도 좋을

당신의 가을을 위해

화력(花力)발전소

한 계절을
이렇게 달구어 어디에 쓰려 하는 것일까
잎들은 숨구멍 열어 가쁜 숨 몰아쉬고 늘어진 밤꽃엔
새로울 것도 없는 향기만 진동한다

허공을 달군 꽃무리

한 계절을 연료로
한 계절을 생산해가는 발전소다
잠 못 이루는 밤
몸 달게 하는 花力발전소다

세상 속에서
계절마다 이름표 바꿔가며
산화하듯
사라져간 계절

지난날, 마음 달구었던 꿈들은
발전(發電)하지 못하고 끝내 폐쇄되었지만

가끔 스위치를 올려보는 밤도 있다

밤꽃 피는 계절이 오면,

다국적 사과

꽃잎 떨어지자 성냥개비 알만한 열매가 드러난다
실뿌리에서부터 시작되었을 저 눈부신 찰나, 너는
모든 것이 '예뻐요' 로 정리되는 너는 그저 신기한 듯
미련처럼 남아 떨고 있는 꽃술을 어루만진다

사과, 내가 사과라 하자 너는 '미안해' 라고 한다
그 말이 얼마나 향기롭던지
그 말이 얼마나 아프던지

낯선 이국땅에서 너는 사과의 말을
모국어처럼 오물거렸겠지
너의 사과는 풋사과처럼 푸르렀겠지

이불공장에서 솜 원료 가공일 한다는 시란드*
보일러실 뜨거운 열기도 너를 멈추지 못했지
연기처럼 피어나는 솜먼지도 가족을 넘어설 수 없었겠지
사과를 한 입 베어 물 때 울컥거리던 가슴도
어머니, 어머니로 달래었겠지

유월이면 취업비자가 끝나 모국으로 돌아가는 시란드
망고의 과즙 속에서 사과를 어떻게 기억할까
사과가 나지 않는 너의 나라에서

*스리랑카에서 취업 온 청년

몸에 배다 1

무엇이든 저마다의 꼴을 가지고 값을 한다

밭 양지 산벚나무는 제값이 꽃그늘인 것을 아는지
바쁘게 그늘을 가꾸어가고
삼 년 전 심은 사과나무도 제값을 하겠다며
수많은 꽃눈을 몰고 가을을 향하여 질주하고 있다

직장을 그만두고 고향으로 들어와 버린 나는
아내의 봄날을 탕진하며 살아가는
꼴값도 못 하는 그저 그런 사내가 되었다
함께라는 것으로 피어나던 봄은 생기를 잃었고
꽃들 수런거리는 봄밤의 여운은 길고 깊었다

당연시하던 것들이 낯설었던 시간
외로움도 익숙해지는지 별들이 눈에 들고
아무도 보아주지 않는 들꽃이 몸에 배어 든다

그렇게 혼자인 것은 외로운 것이 아닌
새로운 것들이 몸에 배는 시간

혼자라는 그 낯선 공간 속에서
아내의 몸에 배어 든 것은 무엇일까

몸에 배다 2

고향 묵 집에는 소주보다 독한
향수를 들이키는 사람들 있다

마주 앉은 여자에게 도란도란
건너편 늙은 사내
향수보다 더 진한 다정을 보내는데
고향에 안긴 듯 고요한 여인네 표정

애틋한 그리움뿐일까 고향은
꽃밭엔 꽃들만 있었는가
어쩌면 부부란 이름이 둥지로 읽힐지도 모를
안타까이 여기는 살가운 눈빛
저물녘 주홍빛 노을같이 서로에게 내리고 있다

다정이 병이라면
나 살아 저 병에 걸릴 수 있을지
아내의 얼굴 환해지도록 전염될 수 있을지

낡음이란 때로 버려야 될 것

어느 유전의 흐름인지 알 수 없는
몸속 깊이 배어든 이 유물
지독한 억제력을 가진 이 낡은 것,

다정스레 여인과
묵 집을 나서는 저 사내
다정이 몸에 밴 듯 지독한
모과향 저 미소를

절망하는 힘

무엇이 나에게 절망을 안겨주었다면
생활이었거나 사랑 같은 것일 뿐이지만
절망도 때로 희열이었다
가로수도 저마다의 절망으로 물들어가고
물기 없는 이파리 날리지만 두 눈 질끈 감으면
또 한세월 견디는 것인데
어스름 내리는 저녁 젖어 있는 것은
배고프게 키운 새끼에게 꿈을 가지라고
꿈을 위해 살라고 자신 있게 토닥거리지 못하는
아비의 현실을 나는 끝없이 절망하는 것이다
줄 수 있는 것이 고작 빈말뿐이어서
껍데기뿐인 몸이어서 한없는 깊은 시름에 잠기는 것이다
정치가 희망이 되지 못하고 짐으로 물려준 것을
비정규직, 그 불안한 비정기적인 미래를 안겨줘서
뼈저린 후회의 몸짓을 하는 것이다
연애가 사치가 되어버린, 피 끓는 너에게
사랑할 수 없는 절망을 안겨준 것을 나는 서러워하는 것이다
그 절망을 그저 바라볼 수밖에 없어

몸서리치며 소심한 술잔이나 들이키는 것이다
대를 물려 빈곤의 수레바퀴를 굴리게 하는
오늘이 지나면 또 그 오늘을 맞게 하는 무능에
저 깜깜한 하늘이나 올려다보는 것이다
곧 겨울이 들이치고 핏기 없는 솔가지에
말라비틀어진 들풀에 흰 눈 소복소복하길 기다리는 것인데
가지가 부러질까, 허리가 꺾일까 슬몃슬몃 돋는 염려를
부질없이 미워하는 것인데, 어찌하는가
절망도 쌓이고 쌓이다 보면
절망의 언덕을 구르고 구르다 보면, 그래도
절망의 뒷면을 볼 수 있을까
절망하는 것도 힘이 될 수 있을까
이 어스름을 붙들고 위로의 건배나 하는 것이다

갈래꽃 산벚나무 2

새벽이 오는 소리가 낮게 젖어 들고
어둠의 고리를 끊고 떠오른 별들은
하늘의 깊이를 더하고 있습니다

아직도 하늘의 깊음을 우러러 탄식하는
여기는 생의 어디쯤일까요
희미해져 가는 별들을 얼마나 더 헤아려야
새벽이 오는 뜻을 알 수 있을까요
마당에 웅크려 새벽을 맞는 개의 가슴에서
빛나는 별들이 컹컹거립니다

어둠 속에 환하게 서 있는 산벚나무는
꽃잎을 날려 절정을 알립니다
허공을 떠도는 꽃잎들, 눈부신, 아름다운 분리

허공에 떠 있는 이름 하나
소리 내어 부르지 못하는 이름 하나

우리는 어디에 피어 있습니까

허공을 메울 듯 부풀어 오르는 산벚나무처럼
얼마의 밤을 더 기다려야 하나의 꽃대 위에서
붉어질 수 있을까요

때로
당신 생각으로 환한 밤이면
부풀어 오르다 터져 흩날리는
꽃이 됩니다

갈래꽃 산벚나무 3

허공으로 뻗은 가지는
땅속 뿌리의 모형
가지가 젖는 날이면 뿌리도 젖는데
가지 하나 삭정이로 떨어지던 날
뿌리가 앓았을 저 열병은 때로
허공으로 뿌리를 밀어 올리기도 한다
그늘로만 소통하는 저 나무의 일관된 생애
서로 닿을 수 없는 저 거리를
이어주는 것은 무엇일까
곧 봄이 온다는 소식은
그늘이 짙어진다는 것인데
뿌리가 쿵쿵거리며 춤추고 있다는 것인데
삭정이 하나 허공에서 떨어질
거리를 재고 있다

각(角)

둥근 감자가 각을 내고 있다
감았던 눈
세상으로 열어놓고
품새가 사뭇 비장하다
둥글게 옹동그리고 살다
모나고 각진 세상이
부러웠나보다
갈아엎지 않으면 굳어지는 마음
굳어지면 스며들지 못하는 물기
몸을 갈아엎고 세상을
받아들이고 싶었나보다
글쎄, 세상이 그렇게 만만한가
허물어지지 않고서는
머리 치켜들고 부릅뜬 눈으로는
살아남기 힘든 세상
나의 각을 세상은 거부한다
지금, 씨감자는
각을 허물고 있다
한기 속에서 고요히

겨울을 지나고 있는 중입니까

봉우리, 봉우리 일으켜 세우던 바람
깊이 찔러와 밑동만 남은 벼는 기억을 물고
겨울의 심연 속으로 들어갔다

논바닥은 온기를 잃지 않으려
서로를 부둥켜안고 있는데

발자국 몇 조용히 지나간다

들판은 들끓던 기억 지우고 있다

조용히 흐르던 구름은 어디로 갔는가
지난 봄꽃들은 무얼 꿈꾸고 있는가
지난여름 푸른 잎들은 어디에 머물고 있는가

잊었는가
잊었는가

두 날개로 감싸던 밤을

조용조용 꽃 피우던 밤을
뱉어진 입김만 허공을 접고 있는데

얼굴을 가린 시내는 울음을 삼키고 있다

고구마

스러져 간다
남은 건
실금 같은 뿌리
너는
그렇게 시작한다
너의 세상은
그렇게 시작된다
바람은 뜨거워지고
새의 노랫소리
그늘로 젖어 드는 한낮
넓혀지는
너의 영토

궤변

소낙비 속에서
사라지는 구름을 본다

꽃이 피고 지는 흐름 속에서
내가 어디론가 가고 있음을 본다

들풀같이 내가 흔들릴 때
또 한 계절이
내게서 빠져나가는 것을 본다

뽕나무가 많은 생각들로
출렁일 때마다
마당을 넓혀가는 그림자
그림자 바깥, 햇살

꽃과 바람과 구름 속에서
꽃과 바람과 구름 같이

내가 흐를 것을 본다

누구인가

죽음의 길을 따라갈 수 없듯이
그 길을 관찰할 수 없듯이
꿈속으로 들어가고 현실로 나오는
그 건널목을 알 수 없듯이
은밀하게 피는 그 꽃을
어찌 알 수 있을까
소리 없이 물을 주는 이를
피의 제를 올리는 이를
어찌 알 수 있을까
사람의 뜻 밖에서 사람의 뜻을 벗어나
이루어지는 세상의 정체
끝없이 방황했던 샤먼과 지혜자의 눈길은
어느 곳을 향하고 있었던가
개미들이 하늘을 읽고 길을 가듯이
맑은 날 사람의 발에 밟혀 죽음을 맞듯이
지혜의 한계를 정한 것은 누구인가
치명적 향기를 불어넣고 가시를 두어
장미라 부르는 이 누구인가
하나의 꽃을 피우고

하나의 꽃을 꺾는 이 또
누구인가

까투리

나는 보았어, 저 날짐승의 무서운 본능을
새끼를 향한 견고한 집착을

예초기 굉음 가까이 다가올수록
쿵쿵거리던 심장 소리 둥근 눈빛에 담겨있었어
그러나 물러설 수 없어, 날아오를 수 없어

둥근 눈빛은 말하고 있었지
나는 아래로 아래로만 흐르는
어미라는 이름의 물줄기

수리의 불빛 같은 눈빛도
바람을 낚아채는 발톱도 두렵지 않아

겨드랑이가 간질거려
날개가 꿈틀거려
날고 싶어

새끼에 대한 본능을 우리는 사랑이라 말하지

사랑이라 말하며 그늘을 지우고
사랑이라 속삭이며 날개를 묶어두지

바람의 숲을 떠난 후 눈물을 잃어버렸어
심장을 요동치게 하던 그 모태의 느낌을 잃어버렸어
바람의 방향을 읽을 수가 없어

먹구름이 몰려온다

비가 내린다

사랑의 깊은 인내 속으로

위대한 둥지에 남겨진

체온 속으로

성주호*

저것은 멍
굽이진 시름들이 흘러든
푸른 멍

저 물결은 몇 굽이 기억을 물고
저리 홀로 푸른 것인지
누구의 한숨이 있어 저리 서늘히 일렁이는지
어디에서 길을 잃고
산언저리로 자꾸만 부딪쳐오는지

길,

한때 나의 길 어디쯤에
당신이 서 있었던 것을 아는 것처럼
그 길이 샛길이 아닌 것을 믿는 것처럼
우리들이 남겼던 수많은 발자국들은 지금도
어디론가 향하고 있겠지

그 길들 위로

타작마당을 넘어온 거친 숨소리 돋아나고
문살 적시던 잔별 깔깔거리는 소리 아득한
따뜻한 집들이 어깨를 맞대고 있었지
구불구불한 길들이 서로의 손을 잡고 집들을 감싸고 있었지

어쩌면 길을 잇기 위해 생을 다 써버린
사람들의 멍일지도 모를 물빛 속

새 한 마리
머리를 밀어 넣어
길을 찾고 있다

*성주군 금수면에 위치한 댐

등불

그곳은,
당신이 계신 그곳은 적막이 깊고 깊어
산짐승도 등불을 내 걸었습니다

밤이슬에 젖는 것이
어찌 풀잎뿐이겠습니까
젖어 주저앉는 것이
어찌 낙엽뿐이겠습니까

달빛은 그윽이 피었다 지고 다시 피고
예나 지금이나 산빛 그대로인데
산등성이 멧부리에 걸린 노을같이
어찌 할딱이고 있는 것입니까
어찌 당신과 나만 한없이 흐르는 것입니까

늙은 호박같이 단단하던 결기는
자꾸만 옛일이 되어가고 있습니다

얼굴을 당신께로 돌립니다

당신이 지펴 놓은 불길이지만
당신의 밤을 밝힐 수 없는 나는
그저 한 마리 짐승일 뿐

그 앞에 서면
산등성이 멧부리 노을 앞에 서면
나는 목 놓아 밤을 건너는
작은 짐승일 뿐입니다

그늘

해바라기같이 익어가다

그늘을 덮고 누웠다
까실까실한 삼베이불 같다
얼음 깨어 넣은 수박 화채 맛이다
뜨거울수록 진한,

이 기막힌 느긋하고 평안함
어머니 그늘이다

내가 여름을 사는 이유
뜨거운 날을 견디는 까닭이다

그늘이 있는 계절,

너는
나의
뜨거운
여름이다

선바위*

발밑으로 흘러든 물소리
저 말씀에 젖고 젖어 평안에 들었는가
무심한 낮빛,
몸에 깃든 솔마저 평안에 든 듯 고요한데
부끄러움은 오직 나의 몫,
바람이 미는 잔잔한 물결에 발을 담고
한 천년쯤 흘렀으면, 흐르다
어느 굽이진 외진 곳
말간 물빛에 나를 비춰 살았으면
나를 비춰 살았으면

*성주호 상류에 있는 입석

수평

수직의 벽을 망설임 없이 뛰어내리는
한 시절의 오줌발이다
울퉁불퉁 수상한 시절,
세상을 향해 주먹을 내밀던 기개이다
그렇게 한 시절 미친 듯 달리다
떨어지는 물줄기 끌어안고
이루고 있는 수평
저 내면의 소용돌이를
어떻게 다스리고 있을까
저 깊이를 지키고 있는 힘은 무엇일까
떨어지는 물줄기를 올려다보며
고집스런 수직의 자세
수평으로 자세를 낮출
시간을 재고 있다

제4부

시름

날아가던 비둘기 한 마리

굴러가던 크레인 굵은 팔뚝에 앉았다

앉아서 한참을 골똘히 굴러갔다

차가 무겁게 흔들거린다

아직 꿈꾸고 있는가

밭일 마치고 돌아오는 길
나를 쳐다보는 눈길 느껴져 올려다본 하늘
고추잠자리 떼 전깃줄에 앉아
오늘 하루 살아낸 것을 서로 토닥이고 있다

이슬만 젖어도 날 수 없는 날개를
일생 접어본 적 없다
죽어도 접지 않는다

날아오르려 발버둥 치던 시간들
배알이 뒤틀려도 흔들어대던 날갯짓
완벽한 날개를 가지고 태어나지 못한 죄 된 세상
상처 난 날개를 펴고 외줄에 앉아 있던
나의 밤은 안녕했던가
부들거리는 날개로 서로의 어둠 떠받치던
우리의 밤들은 아름다웠던가

날개를 펴고 앉아 있는

잠자리의 실루엣이
출격을 기다리는 비행체로 다가온다

안개비

경계를 허물어버린 안개
빛과 어둠의 경계마저
지워버렸다

저 안개가 틀어쥐고 있는 곳은
지상의 어느 모퉁이쯤인가
어느 슬픔이 피어올라 길을 막고 있는가
어느 기쁨 없는 영혼인가

허물어진 건축물 사이
머릿돌만 남은 무더기 위로
몰려든다

너는 떠다니며 너는 천천히 스며든다
너는 서서히 젖어 들어 하나가 된다
하나의 의문이 되고 하나의 파문이 된다
시작이며 끝이고 끝이며 시작이 되는
하나의 통로

모퉁이를 돌아서자
지상의 한 축이
젖어 기울어 있다

개 같은 밤

너울지던 산등성이는 별을 안고 잠들었다
솔잎 끝마다 쌓여가던 푸른빛
설핏 비쳤다 사라지는 가지에 검은 하늘이 내려앉고 있다

저곳에서 하루를 시작하는 생명이 있겠지
이빨 사이 피를 물고
어둠의 냄새를 풍기는 생명이 있겠지
두 눈으로 어두운 길을 만들며
생명을 이어가는 어둠이 있겠지

몸을 비틀어야만 하루를 살아갈 수 있는 사람이 있다는 걸
비명이 터지는 입을 틀어막고 살아가는 사람이 있다는 걸
하루에도 몇 번을 꿈꾸지 않으면 살아갈 수 없는 사람이 있다는 걸
피 묻은 고기만을 쫓는 어둠 속 저 짐승들은 알까

살아있어 고마운 순간이라고 말할 수 없는 사람들이

기다리는 것은 어둠이 아니라 밤이다

밤길을 나선 들짐승의 눈빛이
어둠에 새어 나온다

산을 향해 짖던 개가 주저앉는다
짖지 않으면 안 될 두려움보다
주저앉아야 할 이유가
저 어둠 속에 도사리고 있다는 듯이, 그러나

나는 짖는다
곧 새벽이 올 것이라고

불안의 완성

밭에서 허리를 삐끗했어요 불안의 씨앗을
뿌렸어요 산새들이 호들갑스럽게
불안을 키워요 풀들이 뿌리를 향해 시들어가고 있어요
뿌리의 불안을 난 알 수 있어요
저 움츠림을 느낄 수 있어요

그곳은 내 불안이 들리지 않던가요
불안의 물줄기가 느껴지지 않던가요

그곳은 깊은 물을 길어 올리는 도량이어서 불안이
둥지를 틀지 못하던가요 부처는 보리수나무 아래에서
삐끗거리는 세상사에 대해 고민했다지요 그것이
인생사라고 불안을 다독이는 불안의 완성을 이루었다
지요
내 불안의 시작은 어디일까요 불안의 기초를 누가
놓았을까요 삶의 완성은 불안의 멈춤일까요 빈속에 먹
은
진통제에 속이 쓰려 오네요 두 개의 알약으로 이 불안이
끝나길 바라진 않아요 이 쓰린 속을 불안으로 가득

채울 거예요 당신이 엎드린 산사에도 이 불안이
번지게 하고 싶어요 불안이 불안으로 전이되게 하고
싶어요

그 불안을 느끼며 당신이 살아가길 구할게요 그러니
불안해하지 말아요 보이지 않던가요 그곳에 완전한
불안이 보이지는 않던가요 다독이는 불안의 미소가
보이지 않던가요 아- 불안이 점점 자라고 있어요
매일매일 불안해요

비

오시는 길 멀어도
불평함이 없는
대지를 다 적시고도
모자람이 없는
이 비를
꼭 닮은

어머니

젖어들다

빗소리가 크다는 것을
저 비의 무게가 무겁다는 것을
저 비에 숲을 살찌우는 자양분이 있다는 것을
새삼스레 알았다

종일토록 비가 내릴 것 같다
숲은 젖어 들고 호두나무 가지를 늘어뜨렸다
웅덩이를 이룬 물의 부끄러운 파문이
가슴으로 밀고 들어온다

한 그루 나무가 되었다

비가 내린다
비가 내린다

골골이 물안개 심란하다

사과

사과나무를 강제하지 않고
자유를 주었더니
가지들이 뿔처럼 자랐다
저 뿔은 이제 과실나무란 것을 잊고
열매를 달지 않을 수도 있다
그러고 보면 열매란
고통과 상처의 소산물
살아남아야 한다는 의지의 완결이다
사과를 한입 베어 물었을 때 입안 가득하던
달콤하고 새콤하던 맛은
그렇게 증언하고 있다

폭염

한낮 기온이
33도를 쉽게 넘어선다
이쯤 되면
밭에서 자라가는
고추, 고구마, 참깨
기가 질린다
아침부터 요란스럽게 참깨꽃
흔들어대던 벌들도
그늘로
날개 식히러 떠났다
고추와 잠자리가
한 몸같이 익어가는 오후
적막이 뜨거운데
불쑥,
고구마밭에서
터진 웃음들
고구마가
결국엔
정신 줄 놓았다

해의 문양

우리에게 다가설 수 없는 거리가 만들어졌다
거리는 그늘이라 불리며 단내를 잃어갔다

질투하는 신
치졸하기 그지없는 나의 신

멀고도 먼 길을 햇살이 쉴 틈 없이 달려와
이 땅을 데우는 것이 얼마나 크고 한없는 일인지
이 거리를 두고서야 알았다

거리, 거지 같은 거리

해처럼 붉어가던 사과는 뜨거움 대신 단내를 토해냈다
속살까지 붉어진다고 수군거리지만, 그것은
완성을 향한 견딜 수밖에 없는 수모

사과와 빛 사이에 거리가 만들어졌다
그늘이 생겨났다

해가 남긴 징표이다

통증 처방전

때로 매운 것을 먹고 싶은 순간이 있다
속에 일어난 불을 끄기 위해 불을 먹는 것이다
온몸을 열어 땀을 흘리고 나면
지끈거리던 머리는 맑아지고 한참을 울고 난 것 같은
시원함이 밀려든다

다이애나 왕세자비가 죽어 장례를 치르고 난 뒤
정신과 병원을 찾는 환자의 수가 줄었다는 눈물처럼
사랑을 앓고, 사랑을 잃어 흘리는 눈물
무기력의 깜깜한 터널을 지나는 갱년기 처방전 눈물,
그렇게
눈물은 감정의 불, 그 소용돌이를 다스린다

내일은 언제부터 시작되는가, 란 막연한 질문
내일은 내일 깨어나는 순간부터라고 말한 후 한참을
멍하니 있는
올 수도 오지 않을 수도 있는 미래라는
매운 것이 필요하거나 눈물이 필요한 통증, 하지만

저 샘을 봉인한 지 이미 오래
어느 미래라는 그 불확실성 때문에 살아가는
그 통증의 힘으로 살아가는
나는 오늘인 것을,

자벌레

사과 잎사귀에 새겨 넣은 저 굴곡
자벌레가 가 닿으려 했던 어느 바닷가이겠지

중심을 두드리던 물살
새겨 넣은 한쪽이 유난히 깊고 거칠다

그대가 비켜서려 했던 곳이
내가 닿으려 했던 곳이 저 중심이었을까

바다를 틀어막은 굴곡,

젖어 마를 줄 모르는 중심을
온몸을 비틀어 돌아 나올 때쯤

꿈틀거린다는 것이 아득한 일이었을까
무지개 희미한 허공으로 몸을 던지는 자벌레

환영인 듯 아른거리는 무지개를 지나
저 굴곡의 뿌리에 닿을 수 있을까

대왕암, 바다에 뜻을 일으키다

전설을 깨우려 파도는 바위를 두드리는가

물결 속에 세운 뜻, 아직도 식지 않아 물살은 솟구쳐 오르고
부딪치고 부딪쳐 골을 만들고 물방울은 가루가 되었다

바람과 햇살마저 바위를 비켜 세우고 젖고 젖어 마르지 않는 다짐
파도는 바위를 바닷속으로 끌고 들어가지만 한결같은 자세

뜻을 품고 살아간다는 일이
이렇게 젖어야 하는 것인지, 한결같아야 하는 것인지
한 번쯤, 가슴 내밀어 젖어볼 일이다

가을의 광시곡

뿌연 허공에 핀 새 한 마리 눈물겨운
텅 빈 아침
시간의 모서리를 쪼아본다

살아가다
막다른 길에 접어들었을 때
잠든 우리의 본능에 날개를 단다면
그리움이 서로의 날개깃에 스며들까
우리가 부리를 구하면
사람의 사랑이 날카로워질까

그대의 손을 잠시 놓을 때에도
생의 어느 깊이에서 주춤거릴 때에도
그대의 날개를 기억할 수 있을까
그대의 날카로운 사랑에 통점이 깨어날까

아침을 몰아 강물은 흐르고
새들은 사라지는데
어디에서 길을 잃고

날개를 더듬고 있는지

들녘은 가을을 연주하며
절정으로 흐르고 있는데

색깔론

터졌다, 멈춤에서 진행으로
아니 바뀌었다, 빨강에서 파란불로
사거리에 압축되어 출렁이는 말들이
장미로 노을로 멈춤으로 읽어야 하는 빨강을 기다리고
있다
그러나 아직은 높은 하늘과 싱그러운 잎사귀와
'진행하시오' 로 읽어야 하는 파랑이다

색깔로 구별 짓던 시절이 있었다
빨간 빛깔의 사람이 있는 줄 알았다

우물처럼 고여 있던 말,

빨강 …

하나의 낙인이 되어
정신을 옥죄는 단어가 되어버린 色,
빨강을 빼고 더하여 사상을 만드는 시대
사슬을 끊자, 씌웠던 굴레를 걷고

저 色에게 온전함을
자유를

불그스름히 물들어가는 시간
자동차 꽁지에 빨간불 왔다 갔다 왔다 갔다
정체된 저 붉은 빛들은 언제쯤
부드럽게 흐를까

소성리

비구니가 예수를 증거하고 사제가 부처의 설법을 논한다
그저 의아하다, 벽이 허물어진 저 낯선 세계
무르익은 봄볕 아래 초전 소성리에서 일들이다

평화가 깃들어야 하는 땅
그 땅에 허리 굽혀 살아가는 사람들은
누구의 어머니이며 누구의 아버지인가
겨울이 가고 봄이 올 들판을 생각하던 내 어머니
내 아버지를 거리에 세운 자들은 누구인가

필리버스터를 하듯 이야기를 이어가며
사드 배치의 시작을 틀어막고 있는 소성리
사월의 봄볕은 만만찮게 내려쪼이는데
소성리는 봄날의 의미를 바꾸어 놓은 지 오래이다

호미의 배 다 닳도록 자갈밭 일구어 오던 사람들

길가 현수막 간간이 찢기어 바람에 날리어도
땅을 밀고 나오는 저 들풀 같은 의지

누가 찢어 놓을 수 있겠는가

소성리에 봄꽃이야 진들
봄 같은 사람들이야 질 수 있겠는가

사드*

그것은 꽃입니까,
그렇다면 꽃말은 무엇입니까
바람이 아침을 열었습니다, 안개에 묻힌 나리꽃이
순결한 슬픔으로 일렁입니다
잎 잎마다 맺힌 씨앗들은
소멸과 탄생의 어느 순간에 서 있습니까
담장을 넘어온 능소화가 피어나면
그것은 여름입니까, 겨울입니까
보랏빛 산수국,
그 만개하지 못한 슬픔은 무엇입니까
성주군 광장에 모인 사람들이
꽃의 이름을 아프게 외칩니다, 꽃바구니 닮은 유모차를 끌며
꽃의 이름을 외칩니다
피어 조화롭지 못한 꽃들도 있습니까
피어 소멸될 수 없는 꽃은 무엇입니까
피어 소멸시키는 꽃은 또 어떤 꽃입니까
기쁨, 행복, 사랑, 슬픔, 덧없음
저 외래종 꽃말은 어떻게 명명되어야 합니까

바람이 아침을 열면 다시 안개가 몰려다니고, 해가 뜨고
밤새 잠들지 못한 저 꽃은
천천히 꽃말을 만들어 가겠지요
저 미치광이 꽃은,

*고고도 미사일 방어체계

어디에 다시 이 터를 세울까

며칠째 별들이 눈을 감아버렸다
차마 눈 뜨고는 볼 수 없는 세상이었을까
이 비열한 땅엔 한 줌 빛도 아까웠을까

사람 사는 세상 별 볼일 없이 살아가도
한 번쯤 저 별들 헤아리며, 저 별로 반짝이다
이 풍진 세상 스러져갔으면,

단내 펄펄 풍기는 사람들이
별처럼 모여 있다
옹기종기 촛불 밝혀 어둠 태우고 있다
누가 저들을 주먹 쥐게 하였는가
누가 저들에게 절규하는 가슴 심었는가
선 고운 이마에 머리띠, 머리띠
저 날 선 글귀들은 어찌하는가

성산(星山)은
오늘도 말없이 성밖숲 물길 굽어보는데
떠내려가는 붉은 가슴, 가슴들

어디에 다시 이 터를 세울까

기약할 수 없는 내일이 오기 전에
몰려오는 거친 물결 겁 없이 헤쳐가는

그대는
별,
별이다

신성식당*

대처에서 신발을 팔며 꿈을 갈무리해가던 친구
해바라기같이 환하던 그도 너덜해진 신발 끌고 고향으로 들면서
소태같이 쓰디쓴 날 있다는 것 알았다

모태 속에서 듣고 느꼈던 물소리 바람 소리
산등성이 걸어 나오던 별빛 아득한 밤들

고향은 상처를 아물게 하는 치유의 공간이었는지
물속에 잠긴 고향 들러보러 들릴 때
어느새 고향 같은 사람 되어 있는 친구

두부와 묵으로 향수를 팔며
시렸던 속 살찌우며 살아간다

신성식당엔 내 어린 날을 만날 수 있다
가난과 고된 하루가 윗돌과 아랫돌로
물려 돌아가며 흘러내린
희미한 기억들

추억들이 두부와 묵처럼 단단히 굳어질 때
찾아드는 어머니 품속
그 고향집 같은

*성주댐 근처 묵 집

잘 가라

1
잃었다
자유와 평등의 나라
철필은 뭉툭해지고 더 이상
민주란 말은 쓸 수 없게 되었다
角,
나의 각과 기울기가 다른 각은
인정하지 않는 나라
수평이란 이상향을 꿈꾸게 된 슬픈 나라
민주야, 민주야 네 앞에 펄럭이는 만장
하늘이 부끄러워 눈을 감는구나
아, 분노를 잃은 슬픈 족속이여
부끄러움은 개에게 가져다 바친
나의 족속이여

2
흔들리지 마라
메아리 없는 외침을 들고 비틀거리는 너
취하지 말라

의분에 차 있는 네 목소리를, 형형한
네 눈빛을 흐리게 하지 말라
한때가 지나고 두 때가 차면
만장을 내리고
제를 올리자
어둠을 밝혀야 할 빛,
취하지 말라
다만 분노를 안고 가자
회복될 그 날,
우리의 노래를 하늘 높이 울리자

3
도로 한 가운데 서서
생의 마지막 순간에 선 듯
홀로 가슴 뜨겁고
혼자의 격정을 눈물로 씻는다
비켜가는 자동차들처럼
민주를 비켜가는 사람들
배고픈 시절은 지나가고

좋은 생활의 시절이 왔는가
두려운 시절의 복기(復棋)인가

해설

이울고 물빛으로 꺾어 돌아가는 바람이 보일 것이다

- 정동수의 시 세계

이윽고 물빛으로 꺾어 돌아가는 바람이 보일 것이다
—정동수의 시 세계

정 훈 | 문학평론가

정동수의 시에서 파노라마처럼 다양하고 드넓게 펼쳐져 있는 자연을 보기란 어렵지 않다. 그런데 그에게서 자연은, 흔히 유추하듯 작품의 소재일 뿐이라거나 '절대선' 으로만 놓여있지는 않다. 모든 것이면서, 모든 것들 뒤에 자리 잡아 이 세계를 스케치하고 제작하는 존재다. 그래서 오히려 시인에게 자연은 세계보다도 한층 본원적이고 근원이 되는 무엇이다. 자연과 인간을 구분 짓는 수많은 표지들조차 정동수의 시편들에서는 무의미해진다. 여기 자연의 풍광이 있다, 가 아니라 자연이 시인을 불러 세웠던 것이다. 그 '들림' 의 세계에 자연스럽게 안착한 시인이 바라보는 세계의 풍경은 어떠할까. 시인은, 그를 둘러싼 장엄하면서도 포근한 자연의 눈빛에 눈을 맞추며 자신의 생을 가늠한다. 인간조차 자연의 일부분일 따름이라는 고전적인 자연관에 비춘다면 그의 시에서 그것은 확연해진다. 그런데 인간의 삶은 세계 표면에 딸린 풍경일 수만은 없다. 자연과 대비해서도 마찬가지다. 즉 거대한 자연의 세계에 지배

받는 인간존재이지만, 인간이 자연을 구조화하고 재배치하는 속에서 미처 발견하지 못했던 세계의 의미를 생성해낼 수도 있겠다는 생각이다. 이런 시각에서 본다면 정동수의 시에서 만나게 되는 자연은 일상적인 자연이면서, 시인이 삶을 통해서 터득하게 되는 진실의 한 부분 요소가 되기도 하는 것이다. 다시 말해 시인은 삶과 자연 중 어느 하나를 특화시키지 않되, 둘의 범주가 침투하면서 어우러지는 총체적인 존재성의 밑그림을 시로써 형상화한다.

지금껏 무엇이 나를 움직여 왔을까
무엇이 나를 불러일으켰을까

소나무 갈참나무 전나무 밤나무
너였다가 우리였다가, 우리들로 우거져 충만한 오월은
기쁨으로 살랑거리는데 구만리 우리들 빛은
언제 서로 섞여 들는지

소쩍새 울음소리 먼 저녁
시계 초침 소리는 점점 커져 밤을 울리고
책장은 유령처럼 서서 내려다보고 있다

생각하면 가슴 저미어 오는 사람
이제 곧 당신은 일어나 밥을 안치고 화장을 하고
바쁘게 일터로 향하겠지
계절이 우거지고 있는 것을 잊은 듯,
잊은 듯

-「나는 우거진다」 부분

위 시에서 세 축을 이루는 존재는 '화자'와 '당신'과 '계절'이다. 그리고 이들을 하나의 의미로 엮어주는 단어가 있다면 '우거진다'일 것이다. 계절이 우거지듯 '나' 또한 우거진다. 계절따라 자연스럽게 화자도 우거진다는 의미로 읽기가 자연스럽다. 그런데 화자가 '당신'을 떠올리며 상념의 스케치를 하는 마지막 연에 이르러 '우거짐'의 이미지와는 조금 대비되는 그림이 연상되기도 한다. 아마도 "생각하면 가슴 저미어 오는 사람"이라는 진술 때문일 것이다. 우거짐의 반대편에 있는 존재인 '당신'이 속한 세계와, 화자가 속한 세계가 계절의 우거짐을 증표로 해서 신록의 울창한 하모니 속으로 들어온다. 둘은 평행하면서도 하나의 점 안으로 함께 들어간다. 시인은 세계의 두 측면을 대비하면서, 이 모든 것들을 뿌리 깊은 곳에서 감싸 안아 올리는 거대한 존재의 신비를 염두에 둔다. 그렇지만 균열과 상처와 상심의 그림자를 끝내 떨쳐버릴 수 없음은 화자가 발 딛고 있는 자연의 풍만함이 그만큼 넘쳐흘렀기 때문이 아닐까. 대상에 대한 애련의 깊이는 세계가 우거질수록 더해가는 법인지도 모르겠다. 위 시에서 형상화한 시적 이미지와 의미는 화자가 배경으로 삼는 자연을 토대 삼아 인간적 정서를 전면에 내세움으로써 한층 분명해진다. 이는 정서의 환기요, 그에 딸린 슬픔의 내면화다.

경계를 허물어버린 안개
빛과 어둠의 경계마저
지워버렸다

저 안개가 틀어쥐고 있는 곳은
지상의 어느 모퉁이쯤인가
어느 슬픔이 피어올라 길을 막고 있는가
어느 기쁨 없는 영혼인가

허물어진 건축물 사이
머릿돌만 남은 무더기 위로
몰려든다

너는 떠다니며 너는 천천히 스며든다

너는 서서히 젖어 들어 하나가 된다
하나의 의문이 되고 하나의 파문이 된다
시작이며 끝이고 끝이며 시작이 되는
하나의 통로

모퉁이를 돌아서자
지상의 한 축이
젖어 기울어 있다

–「안개비」 전문

안개비를 매개로 시상을 전개하는 위 시 또한 넓은 의미에서 정동수 시의 한 특징이랄 수 있는 세계와 자연의 총체적인 의미화의 한 단면으로 읽힌다. 어떤 점에서 보면「안개비」는 세계 속에서 응어리진 존재들 사이의 대립과 갈등의 양상을 비유하는 알레고리처럼 보이기도 한다. 안개비의 물질성과 자연성이 속수무책으로 침투하는 곳에서 싹트는 하나의 물음을 보자. 이는 시인에 따르면 "너는 떠다니며 너는 천천히 스며든다/너는 서서히 젖어 들어 하나가 된다/하나의 의문이 되고 하나의 파문이 된다/시작이며 끝이고 끝이며 시작이 되는/하나의 통로"다. 이 안개는 "빛과 어둠의 경계마저" 지우고 허무는 존재다. 세계의 경계를 무화시키는 존재로서 안개비의 폭력성을 유추할 수 있다. '안개'의 상징이 흔히 불분명하고 정체의 묘연함, 그리고 무차별적인 익명성으로서 고독한 현대사회를 묘사하기도 하지만, 정동수의 「안개비」는 그런 부정적인 상징성보다는 이 세계의 한 축을 뒤흔들고 변용하는 존재에 더욱 가깝다. 안개비를 보면서 떠올리는 상념은 시인으로 하여금 존재의 불안과 회의를 선사하고, 이로부터 더욱 자각하게 되는 세계의 본질적인 층위와 관련이 깊을 것이다.

시인이 느끼는 불안과 회의는 그의 시편들에서 때때로 역설이나 아이러니의 방식으로 표현되기도 한다. 역설이나 아이러니는 작품의 의미를 더욱 강조하는 수사장치다. 다른 측면에서 보자면 이 기법은 또한 풍자의 변형태이기도 하다. 시인은 세계를 풍요와 지복이 가득한 곳으로만 여기지 않는다. 이 말은 시인이 모든 시인들이 지향할 수밖에 없는 이상적인 세계에 대한 비전을 자신의 시에 내장하고 있지 않다는 뜻이 아니라, 그를 둘러싼 구체적인 세계의 표정에서 읽게 되는 불온하고 부조리한 존재의 형식을 시편들 곳곳에서 '폭로'하고 있다는 것으로 이해할 필요가 있다. 그에게 세계는 거대한 의문부호이면서 그 폭력성을 숨기는 이중의 언어다.

예수의 죽음이 인간에 대한 사랑의 확증이었다면
내 사랑은 죄의 완성이다
얼마나 달콤하였던가, 나의 죄는
얼마나 목메었던가, 산다는 것은
어둠과 빛의 저 경계에서
얼마나 목말라했던가

붉은 죄가 떠오른다
눈을 떠 꿈꿀 수밖에 없는 시간
사랑해야 할 죄명들이 눈부시다

–「찬란한 죄」 부분

예수의 죽음을 빗대어 자신을 두고 "사랑은 죄의 완성이다"고 선언하는 시인을 본다. 이를테면 냉소적 아이러니라 할 수 있는 이 전언의 배후에는 어떤 심사가 도사리고 있을까. 경전을 비틀어서, 아니 오히려 그 반대의 의미를 지니는 기호를 배치함으로써 시적 효과를 낼 수 있다면 우리는 다소 고개를 갸우뚱거리게 하는 위의 대목을 다시 한 번 곱씹을 필요가 있다. 명사 '사랑'과 '죄'는 그 의미가 명백해서 아무리 뜻을 전도하거나 비틀어도 그것의 기의는 쉽사리 변질되지 않는다. 「찬란한 죄」의 경우, 이 두 단어를 수식하는 말이나 두 단어가 쓰이는 문맥을 통해 시인이 하려했던 말을 이해할 수 있다. 시제의 '찬란한 죄'에서 단박에 드러나는 보편적 인식의 전복은, 기실 하나의 명명백백한 진리로 통용되는 의미체계에 대한 회의적인 시선보다는 '진리'로 인식되는 사회도덕적 맥락에 에누리 없이 갇혀 산다는 것의 힘겨움을 반증하는 뜻으로 읽고자 한다. 그럴 때 위 시의 전복적 아이러니는 연약한 인간적 윤리의 고백으로 전환된다. 그러므로 "어둠과 빛의 저 경계에서/얼마나 목말라했던가"는 진술에서 전해지는 인간적인 토로는, '찬란한 죄'라는 말이 내비치는 언어적 수사를 오히려 밀어버리고 무화시켜서 시인의 마음을 한치의 과장도 삭제도 없이 보게 되는 통로인 셈이다. 이 자체로 보면 세계는 시인을 끊임없이 시험하면서 조롱하는 부정적인 공간이다. 그러나 부정하고 극복해야 할 대상인 세계 또한 인식의 간계(奸計)로 말미암아 형성된 물렁하고 주름진 공간일 뿐이다. 시인의 아포리아는 여기에서 비롯한다.

옹이처럼 박힌 눅진한 기억을
놓지 못하고 있는데 문은 닫혔다
습한 곳을 긁으며 서로의 생채기를 보듬는 밤
음지를 더듬으며 비틀거리는 주정뱅이거나

혁명을 꿈꾸는 이상주의자의 눈빛이거나
우리의 밤은 그렇게 가 버렸다
분노를 잃었고 체념들은 습관이 되었다
부조리에 침묵하며 스스로 썩어갔다
이불을 끌어 얼굴을 가리지만
부끄러움을 덮을 수는 없는 일
미안하다,
가난하고 힘없는 나여
무능한 아비여
평생 노동으로 다져온 천대받는 나여
굴종을 당연시한 나여, 미안하다
깊이 잠들지 못하고 뒤척이는
두려운 나여

–「미안하다」 부분

이 타락한 세계를 부정하고 채찍질하면서도 어느새 기성의 일원이 되어 버린 시인의 자책과 한숨소리가 들리는 듯하다. 그것은 "분노를 잃었고 체념들은 습관이 되었다/부조리에 침묵하며 스스로 썩어갔다"에서도 나타나듯이 행동과 실천의 실종과, 이에 맞물린 소극적인 의지와 열패감의 확산에서 비롯하는 시인의 자의식이다. 즉 젊은날의 열정이 사라진 자신에 대한 정직하면서도 뼈아픈 자기보고서다. 소시민이 된다는 것은 어찌 보면 모든 사람들이 세월의 한파를 겪으면서 의지와는 무관하게 맞이하는 입사식인지도 모른다. 그런데 보통의 사람들이 그러한 내면의 변화를 감지하지 못하는 것과는 달리 시인처럼 예민한 감성을 지닌 존재일수록 자신의 내면적 변모에 민감하다. 위 시는 아직도 부조리가 판을 치는 세계에서 그 부조리에 대해 비판하고 저항하면서 살 수밖에는 별 도리가 없는 실존적 육체에게, 주름진 의식을 알아버린 내면적 자아가 미안하다고 말하는 형식으로 이루어져 있다. 몸과 마음의 괴리와 분리는 현실과 이상의 그것처럼 확실하지 않다고 하더라도 주체로 하여금 일종의 자기반성의 형식을 띠게끔 추동한다. 메타의식으로서 자기반성이나 자기의식은 시인이 현재 몸담고 있는 세계를 해석하고 판단하는 가장 뼈아프면서 아린 사유로 곧장 변이된다. 이 반성의 시간들이 쌓이고 쌓여 온유의 세계를 획득하는 것이리라.

늘 시끄러운 싸움질 소리, 그것을 민주라 여겼는데
시끄러운 새 소리, 저 민주주의는
헐벗은 이 겨울 무엇을 쪼아대고 있을까

겨울은 추워야지, 라며 부린 객기를
모질게 분질러 놓고 마는 여기는 산골

곧 겸손이 봄처럼 찾아올까
꽃을 돋아나게 하는 흙처럼 순해질 수 있을까
저 새소리에 무심해질 날 있을까,

헛것을 흘려보낸 날
그런 날을
봄날이라 해도 될까

–「겨울 산골」 부분

뜨거웠던 피로써 상징할 수 있을 청춘의 시간들이 세월의 더께에 바래지고 닳으면서 새로운 시간의 여정이 시작된다. 이즈음 찾아오게 마련인 회고적인 정서는 대개, 각지고 울퉁불퉁한 지난날들을 거리를 두며 객관적인 시선으로 들여다보게 된다. 이를테면 "늘 시끄러운 싸움질 소리, 그것을 민주라 여"기고, "겨울은 추워야지, 라며 부린 객기" 같은 것들이다. 시골에 찾아온 겨울의 풍경에 한때 도회에 살았을 시인의 심사가 조금 복잡해졌을 수도 있다. 공간의 이동이 불러오는 존재 내외의 변화를 시시때때로 감지하기는 힘들다. 그것은 더디게 찾아오고, 그리고 천천히 조용히 존재를 '적응시킨다.' 이는 폭력적인 순응의 방식이 아니라 자연적이고 순리에 어긋나지 않는 자발적인 방식으로 이루어진다. 시인은 지난날에 품었던 사고체계에 대한 의심과 반성을 거쳐 순하고 둥글둥글한 삶의 형식에 대한 자신의 이미지를 그려보는 것이다. 시인에 따르면 "헛것을 흘려보낸 날/그런 날을/봄날이라 해도 될까"하는 자문으로 과거와 어떤 면에서는 절연된 새로운 가치를 품고자 하는지도 모른다. 이러한 의식의 변모는 눈에 띄고 확연한 '탈바꿈'의 의미가 아니라 정신의 '자가발전'이 될 수밖에 없다. '헛것'이라는, 과거의 허위의식을 깨닫는 순간을 시인은 사실 이미 짐작했을 것이다. 그것은 선이나 악의 문제가 아니다. 용기나 양심과, 회피나 타협의 문제이다. 시인은 그런 윤리적인 선택지를 저버리는 쪽을 선택한 게 아니다. 양심의 칼날을 더욱 벼리는 것이 오히려 '무심'하고 '순해'지는 것과 상통하는 것일 수도 있을 것이다. 그렇다 하더라도 시간의 힘은 의지와 용기를 덕의 저울에 매달아 둔다. 평형을 상상하는 일, 이것이 시인이 고민하는 사유의 핵심이지 않을까.

수직의 벽을 망설임 없이 뛰어내리는

한 시절의 오줌발이다
울퉁불퉁 수상한 시절,
세상을 향해 주먹을 내밀던 기개이다
그렇게 한 시절 미친 듯 달리다
떨어지는 물줄기 끌어안고
이루고 있는 수평
저 내면의 소용돌이를 어떻게 다스리고 있을까
저 깊이를 지키고 있는 힘은 무엇일까
떨어지는 물줄기를 올려다보며
고집스런 수직의 자세
수평으로 자세를 낮출
시간을 재고 있다

–「수평」 전문

위 시에서 화자가 지향하는 가치 덕목은 '수평' 으로 비유된다. 이와 상대적인 의미로 쓰인 '수직' 적인 삶이 거칠게 표현해서 마음이나 생각보다 몸(행동, 실천)이 앞서는 삶이라면, 수평적인 삶은 좀 더 신중하고 겸허해진 내면의 폭과 넓이를 지니는 삶으로 이해해도 될 것이다. "세상을 향해 주먹을 내밀던 기개"마저 없는 청춘은 드물겠지만, 젊음의 혈기에 몰려있는 에너지가 어디로 모이는가가 중요하다. 시인에 따르면 그것은

"떨어지는 물줄기 끌어안고/이루고 있는 수평"의 힘이고, 수직에서 수평의 자세로 전환되는데 필요한 시간의 눈금이다. 딱딱하고 진중한 것들이 시간이 지남에 따라 말랑말랑해지고 가벼워질 것이다. 이를 성숙이라고 감히 말할 수 있다면 정동수의 시편들은 일종의 성장 시로 명명해도 무방하다. 그러나 '성장 시'라는 명명법이 던지는 형식적·의례적인 느낌을 무색케 할 만큼 그의 시들이 내보이는 세계의 표정은 자못 진지하고 의미심장하다. 그의 작품들에는 평소에 시인이 얼마나 세계를 깊이 있게 통찰하고 꿰뚫어보는지 엿보게 하는 기호들이 수두룩하다. 이 점에서 녹록치 않은 정신과 내면의 힘을 확인할 수가 있다.

세상의 모든 시들의 주제를 하나로 압축한다면 아마도 '사람'이 될 것이다. 정동수의 시적 지향도 사람이다. 사람이 행복하고 평화롭게 살 수 있는 세상이 오기만을 기다리지만 이는 늘 유보되는 희망사항이기도 하다. 여기에 시인은 안타까움과 절망을 내비친다. 별을 노래하는 시인은, 이미 사람을 노래했고 처참한 이 세상의 비극들을 직접 보고 겪은 자리에서 터져 나오는 피울음을 몸소 토해낸 시인일 것이다. 보통의 시인들에게 영원한 숙제일 수밖에 없는 사람과 공동체의 조화는 문학행위로써 이루어질 수 있는 차원의 문제는 역시 아니다. 하지만 시인은 그를 둘러싼 존재들이 행하는 삶의 모든 외면과 속내들에 귀와 눈을 청진기처럼 바싹 가져다 놓는 사람일 것이다.

비구니가 예수를 증거하고 사제가 부처의 설법을 논한다
그저 의아하다, 벽이 허물어진 저 낯선 세계
무르익은 봄볕 아래 초전 소성리에서 일들이다

평화가 깃들어야 하는 땅
그 땅에 허리 굽혀 살아가는 사람들은
누구의 어머니이며 누구의 아버지인가
겨울이 가고 봄이 올 들판을 생각하던 내 어머니
내 아버지를 거리에 세운 자들은 누구인가

–「소성리」 부분

평화의 적들을 똑똑히 목격한 주민들의 비판과 주장을 펼치는 장면을 시인은 본다. 그의 눈에 비친 장면은, 아닌 밤중에 홍두깨 식으로 들이닥친 무기 설치를 반대하는 사람들의 집회 모습이지만 어찌 보면 평화의 상태가 지속될 수 있는 여건과 환경을 갖추기란 얼마나 지난한 일인가를 보여준다 하겠다. 평화와 폭력이 짝패로

공존하는 세계에서 이 둘의 상태가 시소게임을 벌이는 풍경이 참으로 그로테스크하다. 시인이 표현했듯 “비구니가 예수를 증거하고 사제가 부처의 설법을 논”하는 “벽이 허물어진 저 낯선 세계”는 단 하나의 목적을 위해서 존재한다. 평화의 정착이고 평화의 실현이다. 공동체의 행복은 현실을 그저 수락하고 위정자의 정책에 거수기 노릇만 해서는 성취되는 것이 아니라는 사실을 시인뿐만 아니라 우리 모두는 믿고 있다. “평화가 깃들어야 하는 땅”, 이 땅에 존재하는 모든 생명체들이 각자위심(各自爲心)의 우물에서 탈피하여 평화와 자유의 원대한 씨앗을 퍼뜨려야 하는 법이다.

시집 『새를 만났다』는, 그 소재가 한 개인의 굴곡진 심사에서부터 생명공동체의 이상에 이르기까지 펼쳐진 폭넓은 스펙트럼을 보인다. 때때로 생의 심연을 단박에 들여다보는 안목으로, 그리고 때로는 부정한 세상을 향한 준엄한 눈길로 시 세계를 수놓는다. 그러나 무엇보다도 그의 시에서 발견하게 되는 특장(特長)이라면 존재의 기울기나 각도를 낚아채는 민첩함이 아닐까. 이 민첩함이 조준하는 곳은 모서리이거나 경사가 져서 눈에는 잘 띄지 않는 대상들이다. 작은 목소리로 웅성거리면서 세계를 빛나게 하는 것들이다. 시인이 이런 작은 존재에 더욱 눈길을 주는 까닭은 간단하다. 이들이 있기 때문에 생명의 찬란함을 몸으로 감득하기 때문이다. 그런데 생명의 눈부심 혹은 찬란함 이면에는 애상의 그림자 또한 아른거리는 게 사실이다. 이는 충만한 자연의 그늘 구석에 남아있는 인정(人情)의 흔적이리라. 새를 보면서 "기댈 곳 없는 슬픔이 붉게 번진다/겨울이 얼어붙고 있다"(「새를 만났다」)는 대목에서 보는 것처럼 현실의 굴절이 곧바로 자연의 풍경으로 되비치는 경우다. 그만큼 시인이 겪은 세사(世事)의 파고를 무시할 수는 없다. 그것이 상흔으로 남아있다. 회한은 망각과 무념으로 가기 위해 반드시 거쳐야하는 과정이다. 시인은 시를 씀으로써 자신이 살아온 세계 환경의 그림자를 복기한다. 그에게 시는 온몸으로 불어오는 사념을 포함한 현실 의식의 바람을 걸러내는 리트머스 시험지다. 때로는 광풍으로 때로는 산들바람으로 시인의 몸을 감싸 쥐고 돌아서는 바람을 보게 된다면, 아마 그 빛깔은 틀림없이 물빛이지 않을까. 흘려보낼 수밖에 없는 단청 같은 빛들을 어루만지면서 이들을 손쉽게 놓아버리는 마음으로 시인은 시를 쓰는 듯하다. 언젠가 또다시, 물빛으로 꺾어 돌아가는 바람을 만나게 될지도 모를 일이다. 시인이나 혹은 우리들이나.